Bibliografische Information der Deutschen Nationalbibliothek:

Die Deutsche Bibliothek verzeichnet diese Publikation in der Deutschen National-
bibliografie; detaillierte bibliografische Daten sind im Internet über http://dnb.d-
nb.de/ abrufbar.

Impressum:

Copyright © 2004 GRIN Verlag, Open Publishing GmbH
Druck und Bindung: Books on Demand GmbH, Norderstedt Germany
ISBN: 978-3-656-90577-6

Dieses Buch bei GRIN:

http://www.grin.com/de/e-book/285328/die-optimierung-von-logistikprozessen-
mit-dock-yard-management

Thorsten Jochheim

Die Optimierung von Logistikprozessen mit Dock&Yard Management

GRIN Verlag

GRIN - Your knowledge has value

Der GRIN Verlag publiziert seit 1998 wissenschaftliche Arbeiten von Studenten, Hochschullehrern und anderen Akademikern als eBook und gedrucktes Buch. Die Verlagswebsite www.grin.com ist die ideale Plattform zur Veröffentlichung von Hausarbeiten, Abschlussarbeiten, wissenschaftlichen Aufsätzen, Dissertationen und Fachbüchern.

Besuchen Sie uns im Internet:

http://www.grin.com/

http://www.facebook.com/grincom

http://www.twitter.com/grin_com

Die Optimierung von Logistikprozessen mit Dock&Yard Management

Von:

Thorsten Jochheim

Inhaltsverzeichnis

1 Einführung in die Thematik Dock&Yard Management

1.1 Einleitung

Die vergangenen Jahre haben durchgreifende Veränderungen der wettbewerblichen und wirtschaftlichen Rahmenbedingungen der Märkte bewirkt. Die zunehmende Globalisierung der Märkte, steigende technologische Entwicklungen und steigende Anpassungen an die Wettbewerbssituation erfordern eine Optimierung der gesamten Prozesskette, d. h. von der Beschaffung der Rohstoffe und Vorprodukte bis hin zur Auslieferung der fertigen Endprodukte. Wachsende Kundenansprüche, geprägt von steigenden Qualitätsanforderungen, von einem stetig steigenden Servicegrad und einer wachsenden Leistungsqualität (Durchlaufzeit u. Termintreue), verlangen ebenfalls eine schnelle Reaktion seitens der Unternehmen. Verschiedene logistische Konzepte haben sich in den letzten Jahren durchgesetzt, die diese Optimierung zum Ziel haben. Die Unternehmen sind weiterhin bestrebt, innerhalb der Anwendung dieser logistischen Konzepte, ebenfalls ein Optimum zu erreichen. Eine Möglichkeit, dieses Optimum zu verwirklichen, liegt in der Einrichtung eines effektiven D&Y Managements.

Die Unternehmen sind stetig bemüht, ihre Kosten auf ein Minimum zu reduzieren. Vor allem bei großen Handels- bzw. Versandunternehmen haben sich Rationalisierungsmaßnahmen in den Unternehmensbereichen Lager und Logistik als zukunftswirksam erwiesen. Hierbei liegt die Konzentration der Handelsunternehmen insbesondere in der Errichtung großer Warenverteilzentren, um die Zunahme der Warenströme (Umsatzexpansion und Ausweitung des Sortiments) kostenminimal zu bewältigen. Die so vollzogene Realisierung des Warenumschlags hat natürlich auch eine erhöhtes Transportaufkommen zur Folge. Die Warenverteilzentren sind bestrebt, den Verkehrsfluss im bzw. vor dem Werksgelände so zu gestalten, dass eine konstante uns problemlose Warenanlieferung bzw. Warenabholung vollzogen werden kann. Hierfür sind, neben dem entstehenden Verkehrsträgeraufkommen, zusätzliche Faktoren zu berücksichtigen, wie beispielsweise Personal bzw. Verladekapazitäten. D&Y Managementsysteme stellen alle Daten bereit, welche für die Planung, Durchführung und Überwachung der Vorgänge auf dem Werksgelände benötigt werden.

Die zunehmende Verlagerung von Produktionsstandorten nach Osteuropa und Fernost (Niedriglohnländer) führt zu einer kontinuierlichen Erhöhung des inländischen Transportaufkommens. Auch nimmt die Tendenz zur Ausgliederung von Logistikleistungen durch Industrie- und Handelsunternehmen (Outsourcing) stetig zu. Einhergehend damit vergrößern sich auch die Umschlagplätze der Waren. Auch in diesem Fall sind die Unternehmen (v. a. Logistikunternehmen) bemüht, trotz steigendem Güteraufkommen die Leistungsqualität der Waren zu verbessern. Es wird für die Unternehmen zunehmend schwieriger, die Massen an Waren in den einzelnen Umschlagszentren zu kontrollieren. Eine entscheidende Verbesserung der Verwaltung der einzelnen Containerplätze und deren Steuerung ist durch die D&Y Managementsysteme gewährleistet.

1.2 Gegenstand und Aufbau der Arbeit

Obwohl die Dock und Yard Management Systeme zunehmend an Bedeutung gewinnen, ist die Kenntnis über ihre Existenz z. T. noch sehr eingeschränkt. Auch ist die Anzahl der Anbieter dieser Informationssysteme gegenwärtig noch nicht sehr ausgeprägt. Das Ziel dieser Arbeit ist es, dem Leser einen ersten Einblick in die Thematik des Dock&Yard

Managements zu verschaffen. Hierfür ist eine Vielzahl von D&Y Management Systemen, hauptsächlich aus dem amerikanischen Ausland, untersucht worden.

In der nachfolgenden Ausarbeitung wird zunächst eine Abgrenzung des Begriffs Dock und Yard Management vorgenommen und die Motive zur Einrichtung von D&Y Management Systemen erörtert. Die nachfolgenden Kapitel stellen die Grundlagen der Logistik vor. Hierbei wird speziell eine Einordnung des D&Y Managements in die Teilbereiche der Logistik vorgenommen. Ein weiteres Kapitel erläutert die Einbindung des D&Y Managements in einige, aktuell logistische Konzepte. Es werden die Vorteile der Anwendung des D&Y Managements innerhalb des unternehmensübergreifenden Konzepts "Supply Chain" sowie in die Distributionsverfahren "Just in Time" und "Cross Docking" dargelegt. Abschließend wird im Fazit eine thesenartige Zusammenfassung der Arbeit gegeben sowie ein Ausblick auf weitere, zukünftige Entwicklungen im Zusammenhang mit dem D&Y Management erörtert.

1.3   Begriffliche Abgrenzung des Dock&Yard Managements

Das Dock Management umfasst die Steuerung der Aktivitäten an den Laderampen während das Yard Management die Aktivitäten auf dem Werksgelände koordiniert, d. h. die Zuordnung der Aufgaben-, Arbeitsteilung sowie die Steuerung des auf dem Betriebsgelände stattfindenden Verkehrs, um eine Minimierung unnötiger Such- und Rangierfahrten zu verwirklichen [Tec03-ol]. Die Aktivitäten an den Laderampen umfassen neben dem Wareneingang und Warenausgang u. a. die Steuerung der ankommenden und abfahrenden LKWs an bzw. von den Verladerampen. Auf diese Problematik werden sich die folgenden Kapitel konzentrieren. Das Yard Management hingegen steuert den aufkommenden Verkehr auf dem Werksgelände, ausgelöst durch werkseigene, wie auch externe Fahrzeuge. Des Weiteren ist durch das Yard Management die Möglichkeit gegeben, zu jeder Zeit alle relevanten Informationen über die auf dem Betriebsgelände befindlichen LKWs und Container zu besitzen. Dazu gehört z. B. das Wissen, welcher LKW bzw. Container an welcher Stelle auf dem Betriebsgelände steht, welche Ladung sich darin befindet, welchem Unternehmen der LKW/Container gehört, wie lange er noch auf dem Betriebsgelände steht, usw.

1.4   Motive für die Einrichtung des D&Y Managements

Das Ziel eines jeden ertragsorientierten Unternehmens ist die Sicherstellung der maximalen Zufriedenheit jedes Kunden. Einen wesentlichen Beitrag, dieses Ziel zu erreichen, leistet die perfekte Abstimmung aller logistischen Abläufe aufeinander sowie das synchrone Zusammenspiel aller Komponenten entlang der Wertschöpfungskette. Die Komponenten sind hierbei die Planung und Warendisposition, die Bereitstellung bzw. Zulieferung, die Produktion, die Lagerhaltung und die Belieferung des Auftraggebers. Die optimale Auslastung aller Ressourcen spart Kosten und steigert die Produktivität und die Qualität des gesamten Logistiksystems.

Die o. g. Synchronisation ist nur dann möglich, wenn ein Informationssystem in der Lage ist, alle relevanten Informationen in Echtzeit bereitzustellen und diese simultan und in übergreifender Logik in die Abläufe der gesamten logistischen Wertschöpfung so zu integrieren, dass alle Vorgänge lückenlos miteinander verknüpft sind.

Die Synchronisation von Materialfluss und Arbeitsabläufen ist das Ergebnis:

- der Verfügbarkeit des richtigen Produktes, in der richtigen Menge, zum richtigen Zeitpunkt und am richtigen Ort.
- der Reduzierung der Lagerbestände, für Nachschub, aber auch für Hilfs- und Betriebsmittel.
- der höheren Wirtschaftlichkeit durch reduzierte Lagerhaltung, Ressourcenschonung und Zeitersparnis.
- der schnelleren Warenlieferung vom Abgangsort zur Endbestimmung.

mit dem Ziel der Steigerung der Rentabilität durch Kostensenkung in der Logistik.

Das operative Umfeld der Lagersteuerung und -verwaltung von Produktionsunternehmen sowie von Distributionsunternehmen wird maßgeblich von der verfrühten und verspäteten Zufuhr von Gütern beeinflusst. Der zunehmend im Mittelpunkt stehende Engpass sind die Rampen bzw. deren nutzenmaximierte Belegung über den Tag. Die knappen, oftmals auch Schwankungen unterworfenen, verfügbaren Ressourcen (Arbeitskräfte, Maschinen, etc.) leisten einen wesentlichen Beitrag zur termingetreuen Aufgabenbewältigung. Die Verwaltung und Steuerung dieser Ressourcen, bzw. deren Glättung sowie die Berechnung, ob diese zur Aufgabenbewältigung in ausreichender Zahl zur Verfügung stehen, ist ein maßgeblicher Faktor. Diese Problemstellung wird mit Hilfe eines effektiven D&Y Managements gelöst. Es trägt dazu bei, dass der Materialfluss an den Rampen reibungslos verläuft. Abbildung 1 soll das Verfahren der Glättung verdeutlichen.

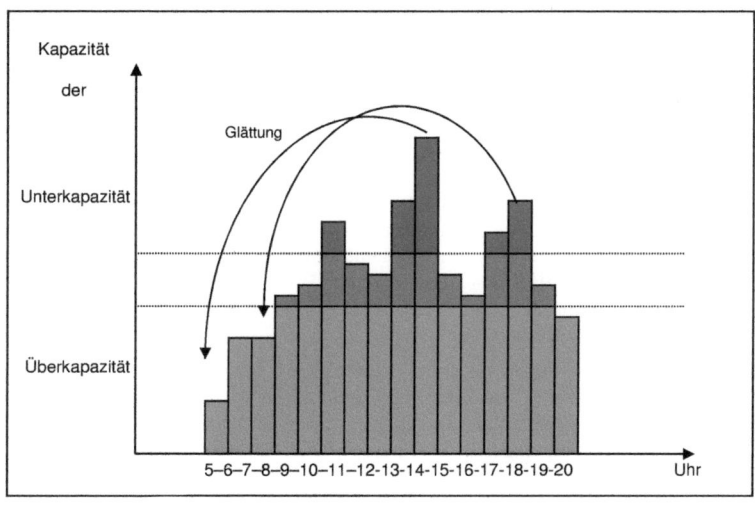

Abbildung 1: Verfahren der Glättung zur optimalen Ausnutzung der Verladerampen

Den Unternehmen stehen nur eine begrenzte Anzahl Laderampen, Personal und Maschinen zur Verfügung, um den Wareneingang und Warenausgang optimal durchzuführen. Die

Kapazitäten reichen zu bestimmten Zeiten jedoch nicht aus (im Tagesverlauf, in saisonbedingten Spitzenzeiten oder Stoßzeiten vor Feiertagen, d. h. saisonaler und zeitlich flüchtiger Nachfrage). Das D&Y Management versucht anhand von Optimierungsverfahren unter Berücksichtigung verfügbarer Ressourcen sowie frühzeitiger Informationsübermittlung eine Glättung vorzunehmen, um so die Kapazitäten optimal zu nutzen. Das nachfolgende Kapitel wird dies im Einzelnen beschreiben.

Innerhalb des D&Y Managements werden die Rampen als Produktivfaktoren betrachtet. Die Rampen bilden die Schnittstelle zwischen dem Lager und dem Versand (interne u. externe Logistik). Die Materialzugänge und Warenausgänge kreuzen sich an den verfügbaren Rampen. Die Rampen bilden demzufolge die Drehscheibe des Materialflusses. Die Planung bzw. die Steuerung der Rampenbelegung ist ein wesentlicher Faktor, denn je häufiger diese auftragswirksam werden, desto höher ist die Umschlagsquote bei gegebenem Auftragsvolumen. Der Kapazitätsanstieg mit Hilfe eines effektiven D&Y Managements durch optimale Nutzung der Rampen ist ein wichtiges Glied bei der durchgängigen Optimierung logistischer Prozessketten.

Die o. g. interne bzw. die externe Logistik unterliegt oftmals bestimmten Gesetzmäßigkeiten und sind häufig mit unterschiedlichsten Problemstellungen behaftet:

- Der Versand: Unvorhersehbare Verzögerungen der Frachtführer bilden oftmals unproduktive Zeitfenster, da die Planung nicht unverzüglich nach Kenntnisnahme überprüft und angepasst werden kann. Grundsätzlich beschäftigt sich die Problemlösung jedoch ab der Bereitstellfläche im Lager. Im D&Y Management wird davon ausgegangen, dass die Güter entsprechend zur Verfügung stehen.

- Das Lager: Schwankende Verfügbarkeit von Arbeitskräften und unterschiedliche Produktivität einzelner Mitarbeiter führen oftmals zu Engpässen und Belastungsspitzen und in der Folge zu Verzögerungen bei der Auftragsbewältigung. Verspätet sich ein Fahrzeug, findet keine adäquate Nutzung der Produktivfaktoren statt, denn häufig liegt der Zeitpunkt der Kenntnisnahme kurz vor dem geplanten Termin und es besteht keine Möglichkeit, die Tagesfeinplanung zu modifizieren und die Produktivfaktoren sinnvoller einzusetzen. Hier zielt die Problemlösung auf die internen Transportaufträge zu den Bereitstellflächen an den Rampen. Es ist Ziel des D&Y Managements, dass das Abholfahrzeug zum Zeitpunkt der vollständigen Bereitstellung der Ware an der Rampe zur Beladung verfügbar ist.

Zusätzlich ist eine fehlende Informationsversorgung bei statischer Planung ein weiterer Grund für die Entstehung von Engpässen. Diese verändert sämtliche Tätigkeitsprofile in einem Wettlauf gegen die Zeit. Das Fehlen einer Entscheidungshilfe zur dynamischen Planung der Rampen hat in der Regel einen Abfall der Produktivität zur Folge.

Im heutigen, immer stärker zunehmenden Wettbewerb suchen die Unternehmen nach jeglicher Möglichkeit, die Produktivität und Effektivität ihrer Ressourcen zu erhöhen, um so Wettbewerbsvorteile erreichen zu können. Nach der Optimierung von Warehouse - und Transportsystemen besteht eine Möglichkeit in der Einrichtung eines D&Y Managements. Es reduziert die fixen Kosten und das Standgeld, welches entsteht, wenn die LKW-Fahrer auf dem Betriebsgelände auf ihren Verladevorgang warten müssen. Es erhöht die Nutzung der LKW-Fahrer sowie die Nutzung des Laderampenpersonals. Aufwendige Kontrollen der LKWs auf dem Betriebsgelände werden durch das D&Y Management verringert oder ganz vermieden. Durch die im D&Y Management berechneten und geplanten Ankunfts- und Abfahrtszeiten wird eine bessere Ausnutzung der Laderampen erreicht.

Die Ankunft der Verkehrsträger ist oft mit Problemen verbunden. Die LKWs sind häufig gezwungen, vor dem Betriebsgelände bzw. vor dem Verladetor zu warten, da vor ihnen noch andere LKWs zu entladen sind.

Die Folgen einer unerwarteten bzw. außerplanmäßigen Ankunft eines LKWs (egal, ob zu spät oder zu früh) spiegeln sich in der zum Teil starken Erhöhung der Kosten wieder, aufgrund von stillstehenden oder zu wenigen Abladehilfen (Gabelstapler) oder aufgrund von unter- bzw. überfordertem Personal. Außerdem erhöhen leere, nicht genutzte Flächen auf dem Werksgelände sowie nicht genutzte Verladetore die Opportunitätskosten, wenn sich auf diesen Flächen die LKWs oder sonstige Gegenstände befinden und somit keiner anderen Nutzung zur Verfügung stehen. Kommt ein LKW zu spät, stellt jede zur Verfügung stehende Ressource an einem leeren bzw. nicht genutztem Verladetor Kosten dar.

Darüber hinaus können noch andere Probleme innerhalb des Betriebshofes durch D&Y Systeme koordiniert werden. Beispielsweise Ausfälle der auf dem Betriebsgelände eingesetzten Fahrzeuge, nicht funktionierende Verladetore oder die Verladevorgänge benötigen nicht die vorgeschrieben Zeit, dauern entweder zu lange oder sind zu schnell. D&Y Management Systeme verhindern des Weiteren, dass Fahrzeuge auf dem Betriebshof abhandenkommen. In der Praxis kommt es häufig vor, dass Unternehmen Mitarbeiter einstellen, deren Aufgabe darin besteht, abhanden gekommene Fahrzeuge (Trailer, Container usw.) wiederzufinden (vgl. Abschnitt 10). Das D&Y Management arbeitet in "Echtzeit", d. h. ist es in der Lage, die Aktivitäten auf dem Betriebsgelände zu jeder Zeit zu verfolgen und zu kontrollieren mit dem Ziel, die wartenden LKWs schnellstmöglich zu den freien Verladestellen zu leiten. Es wird zu jeder Zeit überprüft, ob und welche Auswirkungen die o. g. zeitlichen Abweichungen auf die Verladesituation haben.

2 Grundlagen der Logistik

Die nachfolgenden Abschnitte erläutern den Begriff und die Thematik der Logistik, um zunächst einen Rahmen für den betriebswirtschaftlichen Hintergrund der anschließenden Ausarbeitung zu umschreiben.

2.1 Der Begriff Logistik

Der Begriff Logistik wurde anfänglich im Militärwesen geprägt und verwendet und Mitte der sechziger Jahre von den zivilen, wirtschaftlichen Bereichen übernommen [Ihd84,S.25]. Die starke und rasche Wirtschaftsentwicklung, gekennzeichnet durch starkes Wachstum der Unternehmen, erforderten eine genaue Koordination und Beobachtung aller Material- und Güterströme. Es gibt in der Literatur eine Vielzahl von möglichen Definitionen des Begriffs "Logistik". An dieser Stelle wird die Definition von Schulte verwendet. Laut Schulte ist unter dem Begriff "Logistik" die *„marktorientierte, integrierte Planung, Gestaltung, Abwicklung und Kontrolle des gesamten Material- und dazugehörigen Informationsflusses zwischen einem Unternehmen und seinen Lieferanten, innerhalb eines Unternehmens sowie zwischen einem Unternehmen und seinen Kunden"* [Sch99,S.1] zu verstehen.

Somit erstreckt sich das Aufgabengebiet der Logistik von der Beschaffung der Produktionsfaktoren und Information über deren Bearbeitung und Weiterleitung bis zur Distribution der erstellten Leistung.

Die Entwicklung der Logistik lässt sich in drei Phasen unterteilen [Häu02,S.68]. Die erste Phase, beginnend mit der wissenschaftlichen Auseinandersetzung Ende der fünfziger Jahre, konzentrierte sich auf material- und warenflussbezogene Dienstleistungen, wie Transportieren, Umschlagen, Kommissionieren, Lagern, Verpacken und Signieren. Zudem wurden heuristische und algorithmische Verfahren angewandt, um die Transport-, Touren-, und Fahrzeugeinsatzplanung zu optimieren, Bestell- und Bestandsrechnungen durchzuführen und die Reihenfolgen- und Ablaufplanungen zu verbessern. Aufgrund mangelnder Abstimmung zwischen den Schnittstellen der Unternehmensumwelt wurden nicht alle Ressourcen genutzt. Aufbauend darauf wird in der zweiten Entwicklungsphase versucht, eine Verbesserung zwischen den funktionalen Unternehmensbereichen zu erzielen. Man betrachtete die Logistik als material- und warenflussbezogene Koordinationsfunktion mit dem Ziel, die Schnittstellen zwischen spezialisierten Leistungsbereichen innerhalb und außerhalb des Unternehmens zu verringern, um so die Reaktionsfähigkeit und -geschwindigkeit des gesamten Leistungssystems zu erhöhen. In der dritten Entwicklungsphase besteht die Aufgabe der Logistik in der ganzzeitlichen fließsystemorientierten, zeitorientierten und marktorientierten Ausgestaltung des Leistungs- und Führungssystems des Unternehmens. Die Logistik steht damit vor der Aufgabe, eine immer größere Menge von Informationen zu verarbeiten, um eine ganzzeitliche Optimierung zu gewährleisten. Dies ist nur zu bewältigen, wenn diese Informationen in einer speziellen Datenbank (Data Warehouse), allen Prozessbeteiligten zur Verfügung stehen [Ihd01,S.20].

2.2 Die Ziele der Logistik

Die von Unternehmen, Organisationen und Konsumenten benötigten Waren, Güter, Teile und Einsatzstoffe werden i. d. R. nicht am Ort und zu dem Zeitpunkt erzeugt, in dem sie gebraucht werden. Aus diesem Grund ist das prinzipielle Ziel der Logistik laut Pfohl, die bedarfsgemäße Versorgung eines Empfangspunktes „*mit dem richtigen Produkt (Menge und Sorte), im richtigen Zustand (Qualität), zur richtigen Zeit, am richtigen Ort zu den dafür minimalen Kosten*[Pfo00,S.12].

Das Ziel jeder logistischen Aktivität ist die Optimierung der Logistikleistung [Sch99,S.6]. Diese Optimierung wird durch einen hohen Logistikservicegrad bei gleichzeitiger Minimierung der Logistikkosten erreicht (siehe Abb. 2).

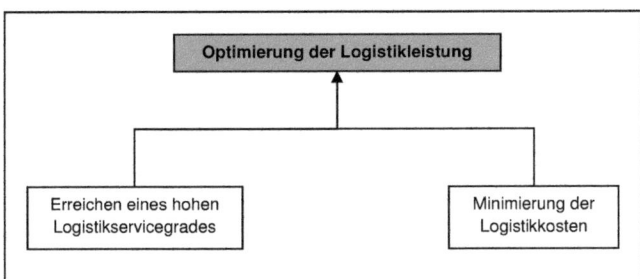

Abbildung 2: Optimierung der Logistikleistung [Sch99,S.6]

Voraussetzung für die erste Bedingung ist jedoch laut Schulte, eine *"quantitative Bewertbarkeit alternativer Logistikleistungen"* [Sch99,S.9]. Dieses setzt jedoch, in Bezug auf die Datenbeschaffung, einen hohen Aufwand und die Mitarbeit seitens der Kunden voraus, welches in der Regel schwierig ist. Auch die Erfassung der Logistikkosten ist in der Praxis mit großen Schwierigkeiten verbunden, wird aber gegenüber der Ermittlung des Logistikservicegrades vorgezogen [Sch99,S.10].

Die Logistik von heute, als Teil eines marktorientierten Managements, verfolgt kundenorientierte Ziele (Logistikservice) sowie unternehmensinterne Ziele als Antwort auf betriebswirtschaftliche Zwänge.

Der Logistikservice ist die von den Kunden erkannte Logistikleistung. Sie setzt sich zusammen aus der Lieferzeit, der Lieferzuverlässigkeit, der Lieferflexibilität und der Lieferbeschaffenheit [Pfo00,S.36f.]. Ein effektives Dock&Yard Management unterstützt die Optimierung der Lieferzeit, hierbei insbesondere die Teilbereiche Verladung und Transport. Des Weiteren wird durch ein effektives Dock&Yard Management eine erhöhte Lieferzuverlässigkeit erzeugt, d. h. die Wahrscheinlichkeit, mit der die Lieferzeit eingehalten wird.

Unternehmensinterne Ziele, ausgelöst durch betriebswirtschaftliche Zwänge, lassen sich am besten in einer Graphik veranschaulichen. In der Literatur ist diese Graphik bekannt als *"magisches Viereck der Logistik"* [Hei00,S.17] (siehe Abb.3).

Die frühere Gewichtung der Logistikziele lag v. a. in der hohen Kapazitätsauslastung, um so eine hohe Rentabilität zu erreichen. Durch den Wandel vom Verkäufer- zum Käufermarkt haben sich auch die logistischen Ziele verändert. Die Schwerpunkte liegen heute in einer hohen Termintreue, in kurzen Durchlaufzeiten sowie in niedrigen Beständen.

Diese Ziele werden laut Heiserich durch eine Erhöhung der Lieferbereitschaft, durch Zeitverkürzungen entlang der Logistikkette sowie durch produktionssynchrone Beschaffung (Just in Time) erreicht [Hei00,S.17]. Im Verlauf dieser Arbeit wird ersichtlich, wie ein effektives Dock&Yard Management das Erreichen dieser Ziele sinnvoll unterstützt.

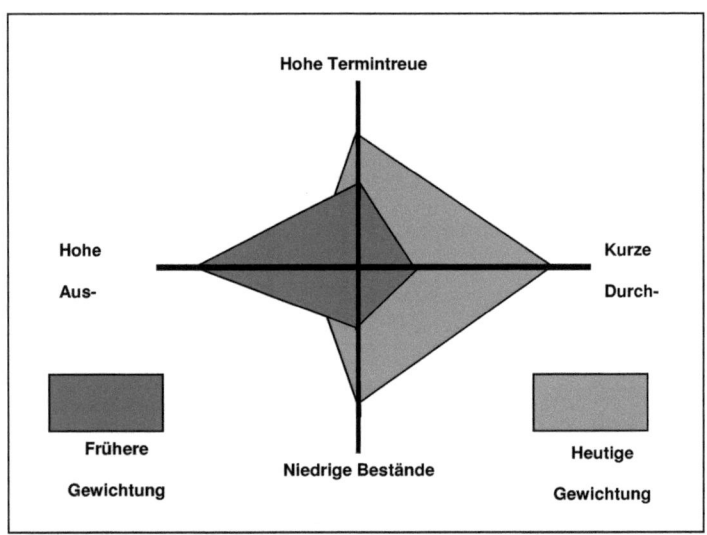

Abbildung 3: Das magisches Viereck der Logistik [Hei00,S.17]

2.3   Logistikkosten

Neben einem hohen Logistikservicegrad sind auch minimale Logistikkosten das Ziel und die Voraussetzung für eine Optimierung der Logistikleistung. Die Logistikkosten setzen sich zusammen aus den Lagerkosten, den Bestandskosten, den Handlingkosten, den Steuerungs- u. Systemkosten sowie den Transportkosten [Sch99,S.8].

Die Lagerkosten beinhalten sämtliche Kosten der körperlichen Veränderung der Bestände, wobei die Bestandskosten diejenigen Kosten umfassen, welche durch das Bereitstellen der Materialien und Produkte entstehen. Alle Kosten des Verpackens, Kommissionierens und Handlings der Güter werden im Allgemeinen als Handlingkosten bezeichnet. Die Systemkosten umfassen diejenigen Kosten, welche bei der Gestaltung, Planung und Kontrolle des Materialflusses auftreten. Diese Kosten sind somit langfristig zu betrachten. Die Steuerungskosten umfassen dagegen die kurzfristige Planung, d. h. die Kosten der Teilfunktionen Produktionsprogrammplanung, Disposition, Auftragsabwicklung, Fertigungssteuerung, usw. Die Transportkosten, denen auch das Dock&Yard Management zuzuordnen ist, umfassen die Kosten des inner- u. außerbetrieblichen Werkverkehrs. Werden die Transporte von einem Dienstleister (Lieferanten) übernommen, ist hierbei zu beachten, dass die Kostenbestandteile in einer Pauschale zusammengefasst und in Abhängigkeit des Transportvolumens berechnet werden. Des Weiteren müssen versteckte Transportkosten, welche in den Produktpreisen der Lieferanten enthalten sind, den Logistikkosten zugeordnet werden.

2.4 Zielkonflikte

Die Erfassung der Logistikkosten ist auch weiterhin mit Problemen behaftet, da diese eine Vielzahl von Kostenkonflikten aufweist. Eine Kostensenkung in einem Teilsystem kann gleichzeitig Kostenerhöhungen in einem anderen Teilsystem zur Folge haben. Beispielsweise können Kostensenkungen im Kundenservice zur Folge haben, dass die Kosten im Außenlager steigen. Weitere Beispiele sind in Abbildung 4 schematisch dargestellt.

Kostensenkungen	bewirken	Kostensteigerungen
im Bereich		im Bereich
Transportwesen		Lagerbestände
Verpackung		Transportschäden
Auftragsabwicklung		Transport
Einkauf		Lagerbestände
Lagerhaltung		Produktion

Abbildung 4 : Kostenkonflikte in der Logistik [Pfo00,S.32]

3 Einordnung des D&Y Managements in die Teilbereiche der Logistik

Um das Gesamtsystem der Logistik näher zu konkretisieren, ist es hilfreich, dieses in einzelne Teilbereiche zu gliedern. Die Teilbereiche können je nach Art und Aktivität der Unternehmung, gesamtwirtschaftlich oder einzelwirtschaftlich oder nach unterschiedlichen Objekten, verschieden charakterisiert werden. Im Folgenden wird eine Aufgliederung des Gesamtsystems der Logistik in direkte Logistikkomplexe vorgenommen, welche alle miteinander in Beziehung stehen. Die Teilbereiche der Logistik sind demnach:

- Beschaffungslogistik
- Produktionslogistik
- Distributionslogistik

Die Teilbereiche der Logistik für ein Produktionsunternehmen sowie die Bereiche, in denen das D&Y Management zur Anwendung kommt, sind in Abbildung 5 vereinfacht dargestellt.

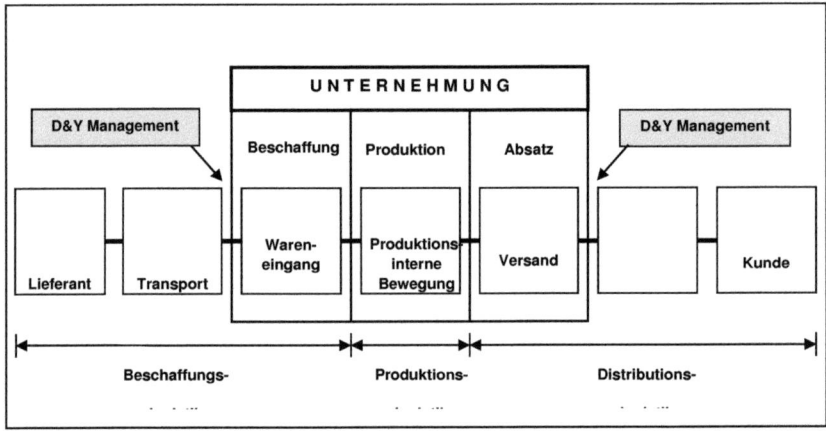

Abbildung 5: Die Teilbereiche der Logistik und Einordnung des D&Y Managements [in Anlehnung an Mef98,S. 642]

3.1 Beschaffungslogistik

Die Beschaffungslogistik hat die Aufgabe, die für den Produktionsprozess benötigten Roh-, Hilfs- und Betriebsstoffe sowie Halb- u. Fertigprodukte zur richtigen Zeit, am richtigen Ort und in der richtigen Menge, bereitzustellen, um Produktionsstillstände zu vermeiden bzw. um eine termingerechte Erbringung der betrieblichen Absatzleistung zu gewährleisten [Shö00,S.17]. Jedoch hängt die Intensität und Aktivität der Beschaffungslogistik von mehreren Faktoren ab, wie z. B. von der Größe des Unternehmens, der Art der Güter, der Struktur der Beschaffungsmärkte, usw. [Ihd84,S.17]. Schulte betrachtet die Beschaffungslogistik, neben dem Einkauf, als Teil des Beschaffungsmanagements. Die Beschaffungslogistik hat hier administrative und physische Aufgaben des Materialflusses auszuführen, während der Einkauf marktorientierte und vertragsabschließende Aufgaben zu erfüllen hat. Der Einkauf versucht, zu einer Optimierung des Preis-/Leistungsverhältnisses zu kommen. Um dieses Ziel zu erreichen, ist die Hauptaktivität auf die Beschaffungsmarktforschung gerichtet. Diese beinhaltet die systematische Informationssuche über den Beschaffungsmarkt, den qualifizierten Angebotsvergleich durch Preis- und Wertanalysen sowie zunehmend verwaltende Aufgaben, wie Abwicklung von Bestellungen, usw. Die Abbildung 6 soll dies verdeutlichen [Sch99,S.215]. Lagerhaltung und -verwaltung (Warehousemanagement) als Aufgaben der Beschaffungslogistik beziehen sich in der Regel ausschließlich auf das Eingangslager, bzw. den Wareneingang. Ebenso erstreckt sich der innerbetriebliche Transport als Teilaufgabe der Beschaffungslogistik zumeist nur bis zur Materialbereitstellung. Die Optimierung des innerbetrieblichen Transports (Verkehrs) ist eine der Hauptaufgaben des Dock&Yard Managements.

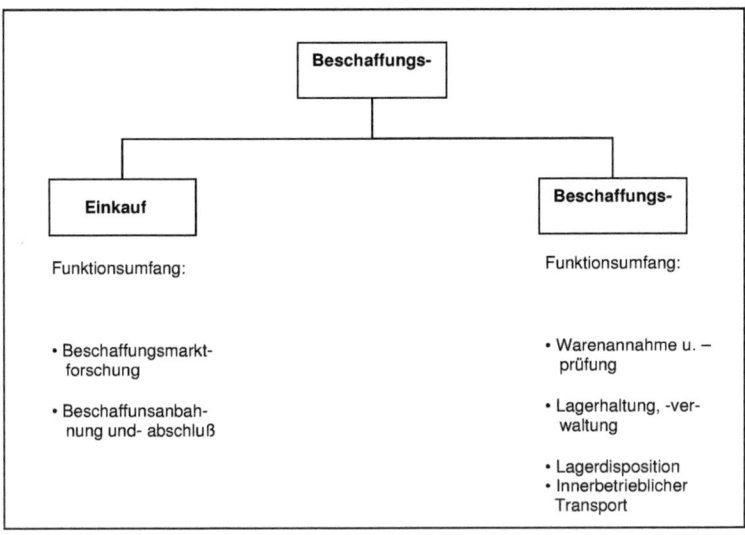

Abbildung 6: Aufgaben des Beschaffungsmanagements [Sch99,S.215]

Die Beschaffungslogistik stellt die Schnittstelle zwischen Distributionslogistik des Lieferanten und Produktionslogistik des Unternehmens dar [Pfo00,S.182]. Zum weiteren Aufgabenbereich gehört als eines der wichtigsten Elemente der Wareneingang. Der Wareneingang (WE) ist die Schnittstelle zwischen Beschaffungslogistik und Produktionslogistik in einem Produktionsunternehmen, bzw. Beschaffungslogistik und Distributionslogistik in einem Handelsunternehmen und dem außerbetrieblichem und innerbetrieblichem Verkehr [Pfo00,S.194]. Innerbetrieblicher Verkehr bezeichnet hierbei die Transportprozesse in einem Lagerhaus sowie in einer Produktionsstätte. Dagegen wird der Transport der Waren vom Lieferanten zum Unternehmen, vom Unternehmen zum Kunden sowie zwischen verschiedenen Bereichen innerhalb des Unternehmens als außerbetrieblich charakterisiert [Pfo00,S.132]. Der Wareneingang ist die erste Funktion des physischen, lagerinternen Materialflusses und damit mitverantwortlich für einen störungsfreien Materialfluss [Bie90,S.1]. Dem Wareneingang, wie auch später dem

Warenausgang wird eine hohe Bedeutung zugemessen, da hier das D&Y Management zur Anwendung kommt. Dieses unterstützt die Verantwortlichen im Leitstand bei der Koordination und Übermittlung der Standorte der Warenein- u. ausgänge (d. h. der Be- u. Entladestellen). Die Aufgaben innerhalb des Wareneingangs lassen sich zusammenfassen in:

- Annahme der Material- und Warenlieferungen

- Mengen, Material- u. Qualitätskontrolle

Nach dem logischen Abgleich der gelieferten Ware von der bestellten Ware, der positiven u. physischen Überprüfung der eingetroffenen Ware und der Information aller erforderlichen Stellen im Unternehmen über den Wareneingang, ist der eigentliche Prozess des Wareneingangs beendet und die Ware kann entweder zum Weitertransport ins Lager oder zu einem Bedarfträger in der Produktion bereitgestellt werden.

Die Unternehmen sind bestrebt, eine Optimierung des Wareneingangs bzw. der Warenannahme zu erreichen. Dieses Ziel ist durch eine

- Verkürzung der Durchlaufzeiten infolge kurzer Annahme- u. Prüfzeiten,

- Vermeidung von Störungen durch falsche oder fehlerhafte Anlieferungen,

- Minimierung sämtlicher im Wareneingang anfallenden Kosten

gewährleistet. Das D&Y Management unterstützt jeden der o. g. Punkte.

3.2 Produktionslogistik

Die Produktionslogistik hat die Aufgabe, den Produktionsprozess mit den hierfür benötigten Roh-, Hilfs- und Betriebsstoffen zu versorgen sowie die erzeugten Halb- u. Fertigprodukte an das Absatzlager zu liefern[Pfo00,S.193]. Wie in Abbildung 5 zu ersehen ist, verbindet die Produktionslogistik die Beschaffungslogistik mit der Distributionslogistik, in dem sie den Leistungsfluss von der Übernahme der bereitgestellten Produktionsfaktoren bis zur Abgabe der fertiggestellten Produkte an die Distribution optimal gestaltet. Gemäß Pfohl kann die Beschaffungslogistik als Lieferant und die Distributionslogistik als Kunde der Produktionslogistik angesehen werden.[Pfo00,S.195] Die Produktionslogistik steuert alle innerbetrieblichen Güterbestände und Güterbewegungen [Ihd84,S.197].

Der unmittelbare Zusammenhang zwischen Produktionslogistik und dem Dock&Yard Management besteht im Austausch von Daten bzw. Informationen über die Standorte der zu übergebenen Produktionsfaktoren bzw. der fertiggestellten Produkte. Die Auswahl der Be- u. Entladestellen durch den Leitstand berücksichtigt beispielsweise den Standort der Produktionsmaschinen. Die Entfernung zwischen den Stellen und der Produktionsmaschine soll in der Regel so gering wie möglich ausfallen, um die Wegstrecke zur Verladung und somit einen Zeitverlust zu minieren.

3.3 Distributionslogistik

Die Distributionslogistik stellt die Verbindung her zwischen der Produktionslogistik eines Unternehmens und der Beschaffungslogistik des Kunden. Sie umfasst alle Aktivitäten, welche in Verbindung mit der Belieferung der Kunden mit Fabrik- und Handelsware stehen. Aufgabe der Distributionslogistik ist die optimale Bedienung der Absatzwege, die für die Versorgung der Kunden erforderlich ist mit dem Ziel, die richtige Ware, zur richtigen Zeit, in der richtigen Menge und am richtigen Ort bereitzustellen. Dabei kann die Versorgung direkt aus dem Produktionsprozess, aus dem Werkslager, aus einem angrenzenden Absatzlager oder über regionale Auslieferungslager erfolgen [Pfo00,S.211].

Die Werkslager befinden sich in der Nähe der Produktion und dienen dem Mengenausgleich der produzierten Waren. Das Zentrallager ist die nachgelagerte Stufe der Werkslager. Die Funktion besteht darin, den Bestand in nachgeordneten Lagern zu füllen und die vom Kunden gewünschten Artikel in Menge und Sorte bereitzustellen, falls kein nachgeordnetes Lager existiert. Das Regionallager hingegen dient als Puffer zwischen Produktion und Absatzmarkt für eine bestimmte Region und hat die Aufgabe, vor- und nahgelagerte Stufen zu entlasten. Im Regionallager befinden sich nur Teile des Sortiments. Die Auslieferungslager stehen auf der niedrigsten Stufe der Lagerhierarchie und stellen die vom Kunden gewünschten Artikel in Sorte und Menge bereit. Sie sind dezentral in Verkaufgebieten angeordnet und enthalten nicht immer das gesamte Sortiment.

Das D&Y Management kommt in jedem der o. g. Lager zur Anwendung. Vermehrt ist die Anwendung des D&Y Managements jedoch in Zentrallagern vorzufinden, wo in der Regel ein sehr hohes Aufkommen der Verkehrsträger eine optimale Koordinierung des innerbetrieblichen Verkehrs erfordert.

Einzelne Teilbereiche der Distributionslogistik für ein Handelsunternehmen, die bei einer ganzheitlichen Optimierung näher betrachtet werden müssen, sind [Sch99,S.371] :

- Standortbestimmung der Lager
- Lagerhaltung
- Auftragsabwicklung
- Kommissionierung
- Warenausgang
- Transport

Die Lagerhaltung umfasst alle Aktivitäten, welche eine Veränderung der Lagerbestände zum Ergebnis haben. Lagerbestände entstehen, sobald sich die zeitliche und zahlenmäßige Struktur von Inputflüssen zu Outputflüssen unterscheidet [Pfo00,S.98]. In Abhängigkeit von der Größe und der Frequentierung der Verkehrsträger kommt das Dock Management beim Wareneingang bzw. Warenausgang in den unterschiedlichen Lagern zur Anwendung

Der Auftrag ist die Grundlage des Informationsflusses in einem Logistiksystem und stellt ein Bindeglied zwischen Distributionslogistik des Lieferanten und Beschaffungslogistik des Kunden (externer Auftrag oder Kundenauftrag) bzw. Beschaffungslogistik, Produktionslogistik und Distributionslogistik innerhalb eines Unternehmens (interner Auftrag) dar. Die Auftragsabwicklung in der Distributionslogistik ist gemäß Pfohl definiert als *„die Übermittlung und datenmäßige Kontrolle der Aufträge vom Zeitpunkt der Auftragsabgabe beim Kunden bis zur Ankunft der Sendungsdokumente und Rechnungen beim Kunden."* Die Auftragsabwicklung in der Produktionslogistik dagegen ist definiert als *„marktgerechte Steuerung der Material- und Informationsflüsse vom Rohmateriallieferanten bis zum Endkunden."* [Pfo00,S.79]

Durch die Auftragsabwicklung ist es möglich, den Güterfluss zu planen, zu koordinieren und zu kontrollieren, indem die Auftragsabwicklung einen dem Güterfluss vorauseilenden, synchronen u. nachfolgenden Informationsfluss gewährleistet. In dem vorauseilenden Informationsfluss sind alle relevanten Stellen im Unternehmen über die später eintreffenden Güter zu informieren, um so rechtzeitig planen und koordinieren zu können. Unter diese Bereiche fällt auch das D&Y Management. Denn nur durch vorher übermittelte Informationen ist ein effektives D&Y Management durchführbar und eine optimale Realisierung des Güterflusses gewährleistet. Ein Beispiel für den vorauseilenden Informationsfluss ist die Vorankündigung einer Anlieferung seitens des Transporteurs. Diese Nachricht wird in der Regel als Avis bezeichnet. Der Abschnitt 6.1.3 befasst sich speziell mit dieser Thematik (vgl. Abschnitt 6.1.3).

Der synchrone Informationsfluss versorgt die relevanten Stellen im Unternehmen mit Informationen, welche für Transport-, Umschlags- und Lagertätigkeiten vor Ort erforderlich sind, mit dem Ziel, den Güterfluss permanent zu kontrollieren. Beispiel für einen synchronen Informationsfluss sind Packlisten, Ladelisten, etc. oder Informationen zur Handhabung von gefährlichen Gütern. Besonders Letztgenannte sind in der Komponente Steuerung des D&Y Managements von erheblicher Relevanz.

Der nachfolgende Informationsfluss beinhaltet Informationen, welche erst nach Realisierung des Güterflusses aufkommen können. Beispiele können in diesem Fall, Fakturierungsdaten, Auftragskosten, Reklamationen, etc sein

Die Aufgabe des Kommissionierens besteht im Zusammenstellen bestimmter Teilmengen aus einer bereitgestellten Teilmenge, dem Lagerbestand, infolge von Bedarfsinformationen bzw. bestimmter Aufträge. Laut Schulte ist dem Kommissionieren eine Lagerfunktion vorgelagert und eine Verbrauchsfunktion (Produktion, Versand etc.) nachgelagert. Das D&Y Management ist dahingehend mit der Kommissionierung in Verbindung zu setzen, als das Absprachen zwischen innerbetrieblichen Erfordernissen, wie eben dem Kommissionieren und außerbetrieblichen Bedingungen der Lieferanten und Kunden für einen optimalen Güterfluss notwendig sind. Beispielsweise benötigt der Leitstand wiederum die einzelnen Standorte der zu kommissionierenden bzw. der kommissionierten Ware, um die Be –u. Entladetore optimal zu planen.

Der Warenausgang bildet den Abschluss des betrieblichen Logistikprozesses bzw. des physischen, lagerinternen Materialflusses. Er hat die Aufgabe, die produzierten bzw. kommissionierten Waren für den außerbetrieblichen Transport bereitzustellen. Um einen möglichst störungsfreien Warenausgang sicherzustellen, bedarf es einer vorherigen Disposition der abholenden Transportmittel zu den einzelnen Verladestellen. In Abhängigkeit von der Anzahl der Verladestellen (d. h. mit zunehmender Anzahl von Verladestellen) übernehmen dies D&Y Management Systeme, in dem diese den Fahrern der Verkehrsträger die Standorte der Entladestellen übermitteln und so Engpässe und Funktionsstörungen im gesamten Materialfluss verhindern.

Der Transport ist laut Pfohl *die Raumüberbrückung bzw. Ortsveränderung von Transportgütern mit Hilfe von Transportmitteln* [Pfo00,S.162]. Zu unterscheiden ist zwischen innerbetrieblichen und außerbetrieblichen Transport. Innerbetrieblicher Transport ist der Transport zwischen Produktionsstätten in einem Werk bzw. zwischen verschiedenen Bereichen innerhalb eines Lagerhauses bzw. des Werksgeländes. Hier kommt in der Regel das Yard Management zur Anwendung. Außerbetrieblich dagegen meint den Transport vom Unternehmen zum Kunden, den Transport zwischen verschiedenen Werken und Lagerhäusern eines Unternehmens sowie den Transport von Ware zwischen Werken und Lagerhäusern eines Unternehmens. Des Weiteren ist zwischen Werksverkehr und gewerblichem Verkehr zu unterscheiden. Werksverkehr ist der Eigenverkehr von Handels-, Industrie- und Dienstleistungsunternehmen, während unter dem gewerblichen Verkehr der Transport von Logistikunternehmen für Dritte zu verstehen ist. Das D&Y Management kommt bei allen der o. g. Formen des Transports zur Anwendung. Differenzen sind v. a. in den unterschiedlichen Möglichkeiten der Übermittlung der verschiedenen Standorte der Be- u. Entladestellen an die jeweiligen Fahrer der Verkehrsträger vorzufinden.

4 Einbindung des D&Y Managements in fortgeschrittene logistische Konzepte

Die vergangenen Jahre haben durchgreifende Veränderungen der wettbewerblichen und wirtschaftlichen Rahmenbedingungen der Märkte bewirkt. Die zunehmende Globalisierung der Märkte, steigende technologische Entwicklungen, wachsende Kundenansprüche und steigende Anpassungen an die Wettbewerbssituation erfordern eine Optimierung der gesamten Prozesskette, d. h. von der Beschaffung der Rohstoffe und Vorprodukte bis hin zur Auslieferung der fertigen Endprodukte. Verschiedene logistische Konzepte haben sich in den letzten Jahren durchgesetzt, die diese Optimierung als Ziel haben. Die Unternehmen sind bestrebt, innerhalb dieser logistischen Konzepte, ebenfalls ein Optimum zu erreichen. Dieses Ziel wird u. a. durch ein effektives D&Y Management unterstützt. Die folgenden Abschnitte beschreiben die Einbindung des D&Y Managements in das unternehmensübergreifende Konzept "Supply Chain" sowie in aktuelle Distributionsverfahren wie Just in time und Cross Docking.

4.1 Die Anwendung des D&Y Managements innerhalb der Supply Chain

Als Supply Chain wird die Wertschöpfungskette bezeichnet, welche beim Rohstofflieferanten beginnt und mit dem Konsumenten endet [Kop99,S.4]. Alle dazwischenliegenden Wirtschaftssubjekte (Hersteller, Dienstleister, Großhändler, Spediteur, etc...) sind Elemente der Versorgungskette. Die einzelnen Elemente sind dabei durch wirtschaftliche Interaktion mit den ihnen vor- und nachgelagerten Elementen verbunden. Betrachtet werden, innerhalb der Supply Chain, sowohl Material- als auch Informationsfluss. Das Ziel sollte es sein, Ineffizienzen in der gesamten logistischen Kette zu beseitigen sowie den Material- u. Informationsfluss zu minimieren.

Innerhalb der Supply Chain kommt das D&Y Management im Zuge der Transportprozesse zur Anwendung, d. h. entweder bei der Anlieferung von Material von eigenen oder externen Lieferanten für die Produktion oder das Lager oder beim Vertrieb von Produkten für die Produktion, das Lager oder für die Kunden.

Die heutige Wettbewerbssituation lässt nur diejenigen Unternehmen am Markt überleben, die in der Lage sind, die Wünsche ihrer Kunden schnell und zu geringen Kosten zu erfüllen. Das Ziel einer jeden Supply Chain ist die optimale Erfüllung stetig zunehmender Kundenwünsche. Auf diesem Weg erlangt das Unternehmen eine ganzheitliche Verbesserung der Wettbewerbsfähigkeit, nicht nur gegenüber einzelner Unternehmen sondern vielmehr gegenüber konkurrierender Supply Chains. Zu den Kundenwünschen zählt v. a. eine hohe Qualität der Produkte, der Preise und des Services, d. h. kurze und korrekte Lieferzeit. Die Unternehmen haben erkannt, dass dieses Ziel nur durch eine enge Zusammenarbeit mit den vor- bzw. nachgelagerten Unternehmen zu erreichen ist. Gefragt ist eine Gesamtoptimierung der Supply Chain, da die lokale Optimierung einzelner Unternehmen eventuell zu Lasten anderer Unternehmen und damit der gesamten Kette führt. Um diese Gesamtoptimierung zu erreichen, bedarf es der genauen, strategischen Planung und Steuerung der Zusammenarbeit der beteiligten Unternehmen. Dies ist die Aufgabe des Supply Chain Management.

Um die Wettbewerbsvorteile zu vergrößern bzw. aufrechtzuerhalten, ist es notwendig, an jeder Stufe bzw. Kette innerhalb der Supply Chain die Effektivität zu steigern bzw. zu maximieren. Das D&Y Management ist ein Teil dieser Effektivitätssteigerung. Innerhalb der Supply Chain wird angestrebt, durch eine Verbreiterung der Kanäle, durch Globalisierung und durch die Planung und Ausführung der Aktivitäten in Echtzeit, die Kosten, die Risiken und den Aufwand zu senken, um so einen strategischen Vorteil im Vergleich mit den Wettbewerbern zu erreichen.

Ein effektives D&Y Management ermöglicht den Unternehmen innerhalb der Supply Chain die Produkte effektiver zu bewegen mit dem Ziel, die Kosten zu senken, den Verkauf und den Service zu erhöhen. Das D&Y Management ist das fehlende Bindeglied innerhalb der Supply Chain.

4.2 Der Einsatz des D&Y Management Systems bei der Just-in-Time-Anlieferung

Ein Beispiel für eine effiziente Anwendung von Supply Chain ist die Just-in-Time-Anlieferung (JIT). Unter JIT ist im Allgemeinen die produktionssynchrone und termingenaue Bereitstellung von Materialen zu verstehen, um am Bedarfsort eine Lagerhaltung möglichst zu vermeiden. Die produktionssynchrone Beschaffung (JIT) strebt die Verfügbarkeit der Teile, welche für die Produktion notwendig sind, in der benötigten Menge, zur richtigen Zeit und am richtigen Ort an [Wil88,S.3].

Auslöser für die Entwicklung des Just-In-Time-Konzeptes war die Überlegung, den veränderten Anforderungen der Absatzmärkte durch eine Umgestaltung der logistischen Kette zu begegnen. Die veränderten Anforderungen sind beispielweise wachsender Konkurrenzdruck, steigende Variantenzahl der Produkte bei gleichzeitig kürzer werdenden Produktlebenszyklen und ein schwer vorhersehbares Bestellverhalten der Abnehmer. Durch die Zunahme des Fremdbezuges stiegen die Anforderungen an die Beschaffungslogistik. Die Ursachen waren wirtschaftliche und technische Gründe. Erstgenannte entstehen vor allem dann, wenn es sich für die Unternehmen nicht rentiert, die Produkte selber herzustellen. Zum Anderen ziehen die Unternehmen den Fremdbezug vor, da sie aufgrund fehlender technischer Möglichkeiten nicht in der Lage sind, die Produkte selber herzustellen. Einhergehend mit der Steigerung der Anforderungen an die Beschaffungslogistik wächst auch das Potential an Rationalisierungsmaßnahmen. Eine effiziente Rationalisierungsmaßnahme ist die produktionssynchrone Beschaffung. Das Grundmotiv hierfür ist eine Erhöhung der Termintreue und die Verringerung der Durchlaufzeit vom Zeitpunkt der Anlieferung des benötigten Materials bis zur Auslieferung der fertigen Erzeugnisse. Dieses wird erreicht, in dem zu jeder Zeit auf allen Stufen der Beschaffung, der Fertigung und der Distribution immer nur soviel zu beschaffen, zu produzieren und zu verteilen ist, wie von der jeweils nachfolgenden Stufe gerade benötigt wird.

Oberstes Ziel der JIT-Beschaffung ist es, die Kosten des Materialflusses zwischen Lieferanten und Abnehmer weitestgehend zu reduzieren. Der Materialfluss ist durch eine Vielzahl von Aktivitäten gekennzeichnet (siehe Abbildung.7.).

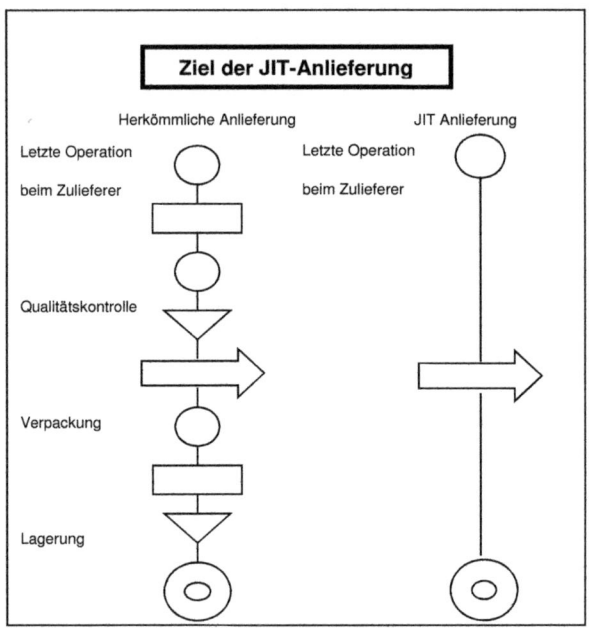

Abbildung 7: Ziel der JIT-Anlieferung [in Anlehnung an Wil88,S.134]

Der konventionelle Materialbereitstellungsprozess sieht die Stufen Fertigung, Prüfung, Verpackung sowie Zwischenlagerung beim Lieferanten und Eingangsprüfung, Lagerung, und Materialverbrauch beim Abnehmer in der Fertigung vor. Demgegenüber ist man bei der produktionssynchronen Beschaffung bestrebt, durch die Direktanlieferung an den Verbraucher bzw. Abnehmer die Funktionen Wareneingang, Qualitätskontrolle und Zwischenlagerung nicht mehrmals auszuführen. Damit ist eine Minimierung der Bestände und somit eine Reduzierung der von einer Vorratshaltung ausgehenden Zins- und Lagerkostenbelastung gewährleistet. Des Weiteren hat dieser Umstand die Folge, dass personelle Kapazitäten im Wareneingang, in der Qualitätskontrolle sowie im Lager für die nicht produktionssynchron beschafften Teile besser genutzt werden und so die Reagibilität im internen Transport verbessert werden kann [Wil88,S.134]. Benötigtes Material soll so spät wie möglich angeliefert werden (evtl. stunden- und reihenfolgegenau). Mit dem Lieferanten wird eine Liefervereinbarung über einen längeren Zeitraum getroffen, die diesen verpflichtet, die benötigten Materialien jeweils zu den vom Produktionsprozess benötigten Terminen anzuliefern. Durch den Verlust der o. g. Funktionen kommt es zu einer Erhöhung der Produktqualität und Versorgungssicherheit vom Zulieferer.

Des Weiteren verfolgen die Unternehmen mit der produktionssynchronen Anlieferung Flexibilitätsziele, d. h. eine Verkürzung der Reaktionszeit auf verändernde Markt-anforderungen.

Um diese Ziele zu erreichen, bedarf es der Erfüllung einiger Voraussetzungen. Neben der Bereitschaft der Zulieferer zur JIT-Anlieferung sind enge informationstechnische

Verknüpfungen von Weiterverarbeiter und Zulieferer (wie z. B. standardisierte Bestellvorgänge) notwendig, um die JIT-Anlieferung optimal durchzuführen. Daneben eignen sich besonders kapitalintensive Güter zur JIT-Anlieferung, welche in der Regel von hoher Qualität sind (in der Regel kein Ausschuss). Eine weitere Voraussetzung für die optimale Durchführung der JIT-Anlieferung ist eine hohe Anlieferungspräzision des Lieferanten (enge Zeitfenster für die Anlieferung). Damit dieses gewährleistet ist, müssen räumliche und organisatorische Voraussetzungen im Bereich der Warenannahme gegeben sein. Durch ein effektives D&Y Management ist dieses garantiert.

Gerade bei der JIT-Anlieferung ist die zeitgenaue Anlieferung essenziell. Das Yard Management regelt den Verkehr auf dem Betriebsgelände und dirigiert den Lieferanten schnellstmöglich zum Verladeort und erhöht auf diesem Weg die Anlieferungspräzision des Lieferanten. Das Dock Management regelt den Verkehr an den Verladerampen, so dass die engen Zeitfenster der Lieferanten eingehalten werden können und eine optimale Nutzung der Verladerampen gegeben ist. Durch die z. T. kurze und präzise Lieferzeit innerhalb der JIT- Anlieferung sind die Lieferanten darauf angewiesen, ihre Ware am richtigen Ort und zur richtigen Zeit abzuliefern bzw. zu empfangen. Das D&Y Management ist hierbei ein entscheidender Faktor. Infolge der Minimierung der Stand- und Leerlaufzeiten durch D&Y Systeme sind die Unternehmen zusätzlich in der Lage, die JIT-Anlieferungen zu verkürzen, zu intensivieren und zu präzisieren, welches den heutigen Kundenwünschen entspricht und so den Unternehmen entscheidende Wettbewerbsvorteile verschafft. Ein effektives D&Y Management unterstützt die o. g. Grundmotive der Erhöhung der Termintreue und der Verringerung der Durchlaufzeit vom Zeitpunkt der Anlieferung des benötigten Materials bis zur Auslieferung der fertigen Erzeugnisse.

Neben den Vorteilen der JIT-Anlieferung sind bei der produktionssynchronen Anlieferung auch einige Kritikpunkte bzw. Risiken zu nennen, welche im Folgenden kurz dargestellt werden.

Durch die Reduktion der Lagerkapazitäten bei gleichzeitiger Erhöhung des Fremdbezugs ist es für die Unternehmen essenziell, die richtige Ware zur richtigen Zeit am richtigen Ort zur Verfügung zu haben. Angesichts dieser Tatsache geraten die Abnehmer in ein Abhängigkeitsverhältnis mit ihren Zuliefern. Kommt es bei der JIT-Anlieferung durch Störungen der Einsatzfähigkeit der Produktionsfaktoren (menschliche Arbeit, Werkstoffe, Betriebsmittel) zu Produktionsschwierigkeiten beim Zulieferer, ist die Gefahr von eventuell eintretenden Stillständen in der Produktion des Abnehmers besonders hoch.[Rup97,S.189] Die Anfälligkeit des Produktionsablaufes wächst mit dem Anstieg der Perfektion des JIT-Konzeptes. Auch hier gilt es, diesen negativen Wirkungen durch neue Technologien entgegen zu wirken, wie beispielsweise ein effektives D&Y Management, welches auch den Versand beim Zulieferer regelt und so eventuell aufkommende Störungen in der Distribution des Zulieferers vermindert. Da durch die JIT-Anlieferung die nachgefragten Mengen der Losgrößen sinken, kommt es durch die Anlieferung kleinerer Mengen nicht nur zu einer Steigerung der Lieferfrequenz und zu einer Erhöhung der Transportkosten, sondern auch zu einer Erhöhung des Verkehrsaufkommens. Einhergehend damit sind ökologische Belastungen wie z. B. Luftverunreinigung, Treibhauseffekt und Flächenversiegelung [Rup97,S.190f.]. Das D&Y Management versucht auch in diesem Fall der Erhöhung der Transportkosten durch eine gestiegene Lieferfrequenz entgegen zu wirken, indem es den Verkehr auf dem Betriebsgelände sowie an den Verladerampen regelt und so unnötige Fahrten auf dem Betriebsgelände vermeidet.

4.3   Cross Docking und D&Y Management Systeme

Cross Docking (CD) ist ein modernes logistisches Konzept (Distributionslogistik) zur effizienten Durchführung des Warenumschlags und zur Optimierung der Logistik in Zentrallagern bzw. in Warenverteilzentren [SaMo00,S.331]. Hierbei wird die Ware vom Wareneingang zum Warenausgang gebracht, ohne dass zwischendurch eine Einlagerung stattfindet.

Das Grundmotiv des Cross Docking ist die Idee eines durchgängigen Fluss- bzw. Just-in-Time-Prinzips, bei dem die Durchlaufzeiten verkürzt und Warenbestände reduziert werden. Das Ziel hierbei ist, durch eine ganzheitliche Optimierung der Supply Chain Wettbewerbsvorteile erreichen zu können[Ihd01S.318]. In der Regel sind die Produkte nicht länger als 24 Stunden im Cross Docking Terminal.

Das Cross Docking steht am Ende der Entwicklungsphasen der Distributionslogistik. Diese sind geprägt von Effizienzsteigerungen, Kosten- und Bestandsreduzierungen sowie der Minderung von Durchlaufzeiten. Ein entscheidender Entwicklungsschritt ist hierbei, die Direktbelieferungen der Handelsfilialen durch Zentrallager der Handelsunternehmen zu ersetzen. Infolge des zunehmenden Kostendrucks sind die Handelsunternehmen gezwungen, ihre Bestände in den Zentrallagern zu reduzieren, die Prozesse bzw. die Durchlaufzeiten innerhalb der Zentrallager zu beschleunigen und so die Produktivität zu erhöhen. Die zunehmende Reduzierung der Bestände innerhalb der Zentrallager hat zur Folge, dass aus den Zentrallagern zunehmend Warenverteilzentren bzw. Warenumschlagszentren werden, mit dem Ziel, die Produkte nicht mehr zu lagern, sondern so schnell wie möglich zu kommissionieren und weiter zu senden [SaMo00,S.332].

Die folgende Abbildung 8 illustriert den Unterschied zwischen der traditionellen Warenverteilung und der Warenverteilung mit Cross Docking Prozessen.

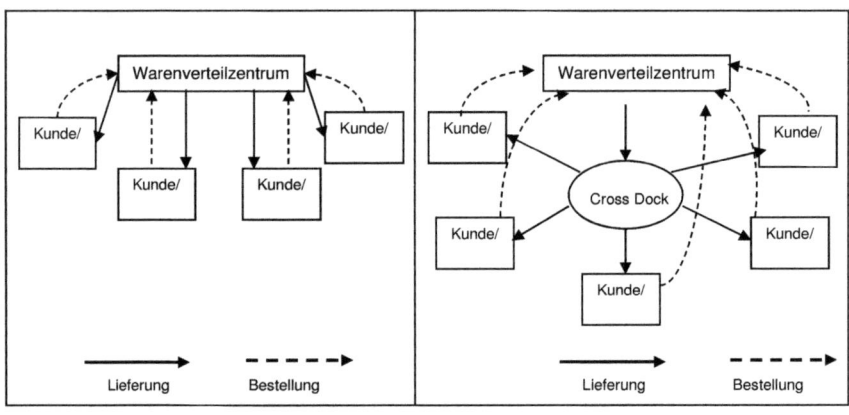

Abbildung 8 : Vereinfachte Darstellung der traditionellen Warenverteilung (links) und der Warenverteilung mit Cross Docking Prozessen [in Anlehnung an Gue03a-ol,S.1]

Die Güter sind beim Lieferanten eingelagert. Wünscht der Kunde (Konsument oder Filiale) nun ein Produkt, gibt er die Bestellung ab und die Ware wird durch den Lagerarbeiter aus dem Regal entnommen und an den Kunden geliefert. Zu berücksichtigen ist hierbei, dass erst nach der Bestellung die Lieferung der Ware erfolgt.

In einem Warenverteilzentrum mit Cross Docking Prozessen wird die schon filialbezogen kommissionierte Ware geliefert und durch die Lagerarbeiter direkt zum Warenausgang weitergeleitet. Ein anderer Fall ist gegeben, wenn die Ware erst nach Ankunft im Warenverteilzentrum durch das Personal filialbezogen kommissioniert und danach zum Warenausgang weitergeführt wird (zweistufiges Cross Docking). Hierbei ist zu berücksichtigen, dass die Lagerarbeiter schon vor Ankunft der Ware am Warenverteilzentrum wissen, wo der Bestimmungsort ist. Dadurch ergibt sich der Vorteil der kurzen Durchlaufzeiten. Ein Haupthindernis zur erfolgreichen Durchsetzung des Cross Docking Prinzips besteht in der Implementierung eines entsprechenden Informationssystems [Jon03-ol,S.6].

Die nachfolgende Abbildung 9 zeigt vereinfacht den Vorgang innerhalb eines Cross Docking Terminals.

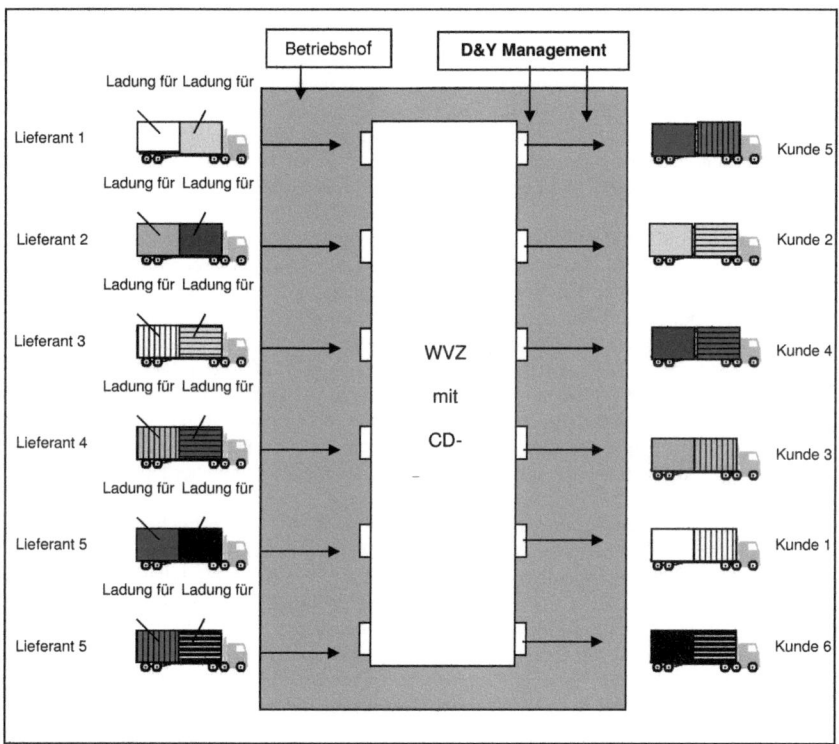

Abbildung 9: Cross Docking Prozess [in Anlehnung an Ihd01,S.319]

Die Lieferanten bringen ihre Lieferungen vom Hersteller an die Verladerampen des Warenverteilzentrums. Ist die Lieferung schon vom Hersteller zusammengestellt worden, wird die Ware, nachdem sie auf Vollständigkeit und Fehler kontrolliert wurde, unmittelbar vom Wareneingang zum Warenausgang weitergeleitet. Andernfalls werden die Lieferungen von mehreren Herstellen im Warenverteilzentrum für die einzelnen Kunden bzw. Filialen zusammengestellt und kommissioniert. Es muss demnach die Summe der eingehenden und ausgehenden Waren übereinstimmen, so dass bei der Beendigung des Vorgangs keine Ware im Verteilzentrum zurückbleibt. Statt jeden einzelnen LKW zu je einem Kunden zu schicken, der jeweils eine Palette bestellt hat ist es kostengünstiger, Warenverteilzentren mit Cross Docking Prozessen einzurichten.

In der Regel wird zwischen einstufigem und zweistufigem Cross Docking unterschieden [Gue03a-ol,S.3]. Im Erstgenannten kommissioniert bereits der Hersteller bzw. der Dienstleister die Waren gemäß dem Filialbedarf. Er zeichnet z. B. die Ware mit Preisen oder Barcodes aus und sorgt gegebenenfalls auch für die Ausrüstung der Produkte mit einer Warensicherung. Beim zweistufigen Cross Docking werden die Waren in den Warenumschlagszentren filialbezogen kommissioniert, bzw. die o. g. Tätigkeiten ausgeführt. Die Vorteile des Cross Docking liegen in der geringeren Kapitalbindung durch die Reduktion der Lagerbestände. Die durch die Lagerbestände entstehenden Kosten wie z. B. Bestandskosten, Handlingskosten und Kosten infolge von Beschädigungen werden gesenkt. Der neu im Lager gewonnene Platz kann anderweitig genutzt werden. Des Weiteren erreicht man durch Cross Docking eine zeitnahe Logistik infolge des erhöhten und beschleunigten Warenumschlags. Lagerfristen entfallen und die Ware kann schneller durch das Lager geschleust werden, um so den gesamten Versorgungsprozess des Handels zu beschleunigen und Umsatzsteigerungen zu erreichen. Die Unternehmen sind bei Anwendung von Cross Docking in der Lage, besser auf Nachfrageveränderungen bzw. – entwicklungen reagieren zu können [Ihd01,S.318, SaMo00,S.334].

Auf der anderen Seite müssen die Unternehmen bei der Anwendung des Cross Docking Prinzips die hohen Investitionskosten in ein neues Warenverteilzentrum, bzw. Transitterminal und in die IT-Infrastruktur berücksichtigen. Diese ist nötig, um einen optimalen Warenfluss zu gewährleisten. Ist ein Lager vorhanden, bedarf es hoher Investitionskosten für die Neustrukturierung bestehender Lagerstrukturen. Einhergehend damit sind auch die neuen Anforderungen an das Personal und die damit zusammenhängenden Kosten zu beachten. Diese entstehen bei der Gewinnung der Bereitschaft der Mitarbeiter, bestehende Konzepte und Strukturen zu verändern [Kot97,S.197]. Des Weiteren sind die Kosten des Transportes bzw. des erhöhten Transportaufkommens und begleitend die ökologischen Folgen zu berücksichtigen.

Um die Senkung der Kapitalbindung und der Lagerkosten zu erreichen, sind diejenigen Produkte den CD-Prozessen zu unterziehen, welche hohe Kapitalbindungen und hohe Lagerhaltungskosten verursachen. Des Weiteren sind Produkte, die kurze und zuverlässige Wiederbeschaffungszeiten aufweisen, besonders geeignet für den CD-Prozess. Daneben sind leicht verderbliche und zeitsensible Güter bei denen es gilt, ihre Frische zu erhalten (Gemüse, Obst usw.), im Cross Docking Verfahren an den Kunden zu liefern. Allgemein sind Produkte, welche hohe und konstante Liefermengen aufweisen, geeignet für CD-Prozesse [Gue03a-ol,S.5]. Weniger geeignet sind Waren, die bestimmten Transportbedingungen unterliegen. Kühlprodukte beispielsweise, bei denen u. U. die Gefahr besteht, dass der Kühlprozess durch das Cross Docking Verfahren unterbrochen werden kann. Auch sind sperrige und besonders schwere Güter für den CD-Prozess nicht geeignet.

Damit Cross Docking Prozesse perfekt funktionieren, bedarf es der Erfüllung einer Reihe von Anforderungen. Die Voraussetzungen lassen sich in zwei Kategorien einteilen [Jon03-ol,S.5ff.]. Zum einen muss die informationstechnologische Seite erfüllt sein. Die Prozesskette (Verteilzentren, Filialen, Hersteller, Lieferanten, Transportunternehmen u. a. Dienstleister) wird durch den Einsatz von Cross Docking Verfahren deutlich komplexer. Hierbei müssen zuverlässige Informationssysteme den Austausch notwendiger Daten zwischen den kooperierenden Unternehmen ermöglichen, wie z. B. EDI-Verbindungen (Electronic Data Interchange). Gleichzeitig müssen die Informationssysteme die erhöhten Datenvolumina verarbeiten können. Gemeinsame Barcodes ermöglichen erst den Erfolg dieser standardisierten Prozesse.

Auf der anderen Seite sind die betrieblichen Anforderungen zu erfüllen, um einen optimalen Cross Docking Prozess zu gewährleisten. Dazu gehört, dass die Unternehmensführung die Bereitschaft der Mitarbeiter zur Durchführung der neuen Prozesse gewinnt. Innerhalb des Warenverteilzentrums können die Sortier-, Umschlags-, und Kommissionierzonen durch teilautomatisierte Prozesse besser gestaltet und somit die Durchlaufzeiten der Waren beschleunigt werden. Des Weiteren ist ein zuverlässige Logistikdienstleister wichtig, der in der Lage ist, die engen Zeitpläne einzuhalten [SaMo00,S.332f.].

Das Warenverteilzentrum sollte an einem verkehrsgünstigen Standort errichtet werden, damit die hohe Anzahl von Transporten schnell, kostengünstig und ohne Probleme durchgeführt werden kann. Des Weiteren sollten Cross Docking Terminals über eine hohe Anzahl von WE- und WA-Docks verfügen, um Verzögerungen zu vermeiden und eine ständige Warenanlieferung zu gewährleisten [SaMo00,S.333f.]. Dieses setzt eine intensive Koordination voraus, zumal die Verteilvolumina stetig steigen und somit auch die Liefertermine immer dichter werden. Dock&Yard Management Systeme unterstützen diese intensive Koordination. Die Schnittstelle innerhalb eines effizienten Warenverteilsystems zwischen Hersteller und Warenverteilzentrum, bzw. zwischen Warenverteilzentrum und Kunde/Filiale bilden die Verladerampen des Wareneingangs und des Warenausgangs. Werden diese schlecht koordiniert, können Unterbrechungen in der Warenversorgung des Warenverteilzentrums oder Verzögerungen der Warenankunft beim Abnehmer die Folge sein [Jon03-ol,S.7]. Durch ein effektives D&Y Management werden die Warendurchlaufzeiten erhöht und somit eines der Ziele des Cross Dockings wirkungsvoll unterstützt. Yard Management Systeme sorgen dafür, dass der Verkehr auf dem Betriebsgelände des Warenverteilzentrums optimal geregelt wird. Ankommende Lieferungen gelangen ohne Verzögerungen zum Wareneingang des CD-Terminals sowie abgehende Lieferungen ohne Verzögerungen zum Ausgang des Betriebsgeländes. Staus auf dem Betriebsgelände, infolge von wartenden LKWs werden so vermieden. Des Weiteren sind die Mitarbeiter zu jeder Zeit darüber informiert, an welcher Stelle die Ware auf dem Betriebsgelände zu finden ist. Das Dock Management sorgt dafür, dass bei der Warenannahme die richtige Lieferung an die richtige Verladerampe gelangt, sowie der richtige LKW an der Verladerampe die richtige Ware zum Weitertransport in Empfang nimmt. Somit ist ein optimaler Warenfluss an den Verladerampen gegeben. Ein effektives Dock Management beschleunigt Cross Docking Operationen und optimiert die Arbeitswege der Arbeiter zwischen den Abfertigungstoren. Studien haben ergeben, dass sich die Lohnkosten um drei bis vier Prozent reduzieren lassen, wenn die Verladerampen bzw. die Zuordnung der Verladetore und der Arbeitsweg für den Transport der Waren vom Wareneingang zum Warenausgang optimiert werden [Gue03b-ol]. Jedes Unternehmen ist bemüht, den Warenfluss entlang der Logistikkette zu verbessern und zu beschleunigen, um so die Kundenwünsche zu befriedigen und Wettbewerbsvorteile zu erreichen. D&Y Management Systeme bilden effektive Grundlagen für den optimalen Warenfluss im Wareneingang und Warenausgang in Distributionszentren mit Cross Docking Systemen.

5   Fazit/Ausblick

Die Aufgabe dieser Arbeit war die Einführung in die Thematik des Dock&Yard Managements in der Logistik. Zu Beginn wurde zunächst einmal eine grobe Einordnung des D&Y Managements in die Logistik vorgenommen. Hierfür wurden die Teilbereiche der Logistik beschrieben, bei denen das D&Y Management eingesetzt wird. Unterschiedliche logistische Konzeptionen der Unternehmen verfolgen das Ziel der Optimierung der gesamten Prozesskette des Unternehmens. Es wurde aufgezeigt, wie und in welchem Maß D&Y Managementsysteme zu einer Optimierung innerhalb dieser logistischen Konzepte beitragen. Damit die Planung und Überwachung der Steuerung der Verkehrsträger auf dem Werksgelände und an den Verladerampen optimal durchgeführt werden kann, bedarf es eines umfangreichen Schnittstellenmanagements. Das Schnittstellenmanagement ermöglicht nicht nur den internen Informationsaustausch zwischen den einzelnen Akteuren und Systemen innerhalb des Unternehmens, sondern auch die Übermittlung von externen Daten anderer Unternehmen, beispielsweise innerhalb der Supply Chain oder mit Transportunternehmen.

Unter dem Aspekt der stetigen Zunahme des Transportaufkommens im Zuge wachsender Globalisierung (beispielsweise kürzlich vollzogene EU-Osterweiterung) gewinnt das D&Y Management verstärkt an Bedeutung. Die Unternehmen sind gezwungen, jede Maßnahme zu ergreifen, um Kosten einsparen zu können und gleichzeitig einzelne Geschäftsprozesse optimieren zu können, um so Wettbewerbsvorteile zu erhalten bzw. weiter auszubauen. Nachdem die Optimierung von Warehouse-Managementsystemen bzw. Transportsystemen weitestgehend vollzogen wurde, sind nun zusätzliche Bereiche des Werksgeländes dieser Optimierung zu unterziehen. Hier fällt bei vielen Unternehmen die Wahl auf den Bereich der Verladestellen sowie den innerbetrieblichen Transport dorthin. Die Integration von D&Y Management Informationssystemen ist eine Möglichkeit, diese Bereiche zu optimieren. Die Entwicklung der letzten Jahre zeigte, dass die Anwendung neuer Technologien das D&Y Management vereinfachen und auch externen Prozessbeteiligten Vorteile verschaffen. Auch zukünftig werden Technologien entwickelt, durch deren Anwendung einzelne Geschäftsprozesse in den Unternehmen und speziell im D&Y Management vereinfacht werden. Vielleicht wird auf diesem Weg die Popularität des D&Y Managements gesteigert.

In Deutschland steht die Entwicklung und Einführung von D&Y Management Systemen erst am Anfang. Auffallend ist, dass die generelle Kenntnis über vorhandene Dock&Yard Management Systeme gegenwärtig nicht stark ausgeprägt ist.

6   Literaturverzeichnis und weiterführende Literatur

[Bal99]   Balzert, H.: Lehrbuch der Objektmodellierung: Analyse und Entwurf,
             Spektrum Akademischer Verlag Heidelberg, Berlin, 1999

[Bie90]   Bierhals, E. : Warenannahme, 1. Auflage, Betriebswirtschaftlicher Verlag
             Dr. Th. Gabler , Wiesbaden, 1990

[Ccg00]   CCG: Cross Docking zwischen Handel und Industrie, Köln, 2000

[Ern03-ol]   Ernst, E,-El: Voll im Trend: Cross Docking, in Logistik inside (4/2002)
             unter: EffizienteLogistikimBaumarkt,
             http://www.aje.de/downloads/deutsch/presse/effiziente_logistik_im_baumarkt.pdf,
             17.07.03

[glos03-ol] Glossar zur Begriffswelt der eLogistik, 2003 unter
             http://www.gigalox.de/pdf/gigalox_glossar_v_1_1.pdf, 15.07.03

[Gue03a-ol] Gue, Kevin R:Crossdocking: Just-in-Time for Distribution, 2001 unter:
             http://rigel.nps.navy.mil/~krgue/Teaching/teaching.html, 15.07.03

[Gue03b-ol] Gue, Kevin R. : The Effects of Trailer Scheduling on the Layout of Freight
             Terminals, 1999 unter:
             http://rigel.nps.navy.mil/~krgue/Crossdocking/crossdocking.html, 15.07.03

[Häu02]   Häusler, P.: Integration der Logistik in Unternehmensnetzwerken:
             Entwicklung eines konzeptionellen Rahmens zur Analyse und Bewertung
             der Integrationswirkungen, Peter Lang GmbH Europäischer Verlag der
             Wissenschaften, Frankfurt am Main, 2002

[Hei00]   Heisereich, O.-E.: Logistik. Eine praxisorientierte Einführung, 2.,
             überarbeitete und erweiterte Auflage, Gabler Verlag, Wiesbaden, 2000

[Ihd01]   Ihde ,G. : Transport, Verkehr, Logistik: Gesamtwirtschaftliche Aspekte und
             einzelwirtschaftliche Handhabung. 3., völlig überarbeitete und erweiterte
             Auflage, Verlag Vahlen München, 2001

[Ihd84]   Ihde ,G. : Transport, Verkehr, Logistik: Gesamtwirtschaftliche Aspekte und
             einzelwirtschaftliche Handhabung. 1 Auflage. Verlag Vahlen München,
             1984

[Jon03-ol]   Johnson, M.: Developments in Cross Docking in Retailing , unter

[Kop99]   Kopfer, H.; Bierwirth, Ch. :Logistik Management. Intelligente I+K
             Technologien, Springer Verlag Berlin u. a. ,1999

[Kot97]   Kotzab, H.: Neue Konzepte der Distributionspolitik von
             Handelsunternehmen, deutscher Universitätsverlag, Wiesbaden, 1997

[Mef98]   Meffert, H.: Marketing-Management, Gabler Verlag, Wiesbaden, 8.
             Auflage, 1998

[Mehl96]   Mehl, H.: Global Positioning System. In: Informatik Spektrum, Band 19,
             Heft 1, Springer Verlag Heidelberg, 1996

[Pfo00]   Pfohl, H.-Chr.: Logistiksysteme. Betriebswirtschaftliche Grundlagen. 6.,
             neubearbeitete und aktualisierte Auflage, Springer Verlag Berlin u. a., 2000

[Pfo85]   Pfohl, H.-Chr.: Logistiksysteme. Betriebswirtschaftliche Grundlagen,
             Springer Verlag Berlin u. a., 1985

[Rod91]   Rode, M.: Produktionslogistik. Köln: Verlag TÜV Rheinland, 1991

[Rup97]   Ruppert, M : Die Just in Time Beschaffung aus Sicht der
             Zuliefererindustrie, Peter Lang GmbH Europäischer Verlag der
             Wissenschaften, Frankfurt am Main, 1997

[SaMo00]   Swoboda, B.: Morschett, D.: Cross Docking in der
             Konsumgüterdistribution, in: Wirtschaftswissenschaftliches Studium, 29.
             Jg., 2000, Nr. 6

[Sch99]   Schulte, C.: Logistik: Wege zur Optimierung des Material- und
             Informationsflusses, 3., überarbeitete und erweiterte Auflage, Verlag Vahlen
             München, 1999

[Shö00]   Schönleben, P.: Integrales Logistikmanagement. Planung und Steuerung von
             umfasssenden Geschäftsprozessen, 2., überarbeitete und erweiterte Auflage,
             Springer Verlag Berlin u. a., 2000

[Tec03-ol]   Technologinfo Logistikbegriffe , D&Y Management Definition, unter
             http://technologinfo.fgm.at/Logistikbegriffe.phtml, 14.04.2003

[Wil88]   Wildemann, H. :Produktionssynchrone Beschaffung. Einführungsleitfaden ,
             Verlag: gfmt- Gesellschaft für Management und Technologie- Verlags KG,
             München ,1988

Mehr zu diesem Thema finden Sie in: „Dock & Yard Management Informationssysteme - Grundlagen,
Geschäftsprozesse und Anwendungsszenarien"

ISBN: 978-3-638-71769-4

http://www.grin.com/de/e-book/31967/

BEI GRIN MACHT SICH IHR WISSEN BEZAHLT

- Wir veröffentlichen Ihre Hausarbeit,
  Bachelor- und Masterarbeit

- Ihr eigenes eBook und Buch -
  weltweit in allen wichtigen Shops

- Verdienen Sie an jedem Verkauf

Jetzt bei www.GRIN.com hochladen
und kostenlos publizieren